AF138983

# DAS GNOSTISCHE CHRISTENTUM
## TEIL 2

*Meinem Bruder und meiner Mutter*
*danke ich für ihre Mithilfe.*

PIRMIN A. BREIG

# Das gnostische Christentum Teil 2

*Der Kugelmensch Platons*

## Über den Autor

Pirmin A. Breig wurde 1968 in Basel geboren. Er studierte zuerst Medizin, dann Kunstgeschichte, Geschichte und Philosophie. Anschliessend Malerei. Mit zwanzig Jahren trat er aus der Kirche aus. Mehrere Jahre war er Mitglied der Freimaurerei und der Allgemeinen Anthroposophischen Gesellschaft. Er bezeichnet sich als Denker, der sich keinem Glauben und auch keiner Ideologie verpflichtet sieht.

Bibliographische Information der Deutschen Nationalbibliothek:
Die Deutsche Nationalbibliothek verzeichnet diese Publikation
in der Deutschen Nationalbibliografie,
detaillierte bibliografische Daten sind im Internet
über dnb.dnb.de abrufbar.

TWENTYSIX – Der Self-Publishing-Verlag
Eine Kooperation zwischen der Verlagsgruppe Random House
und BoD – Books on Demand

© 2017 Breig, Pirmin A.
Herstellung und Verlag:
BoD – Books on Demand, Norderstedt.

ISBN: 978-3-7407-3098-7

# INHALT

# VORWORT

Vieles, was in dieser Schrift geschrieben steht, ist vielleicht erst verständlich, wenn man zuvor meine Schrift »Das gnostische Christentum« gelesen hat. Sie ist eine Fortsetzung oder Ergänzung dazu, und zwar in dem Sinne, dass sie in besonderer Weise auch auf das Geschlechtliche des Menschen noch eingeht.

Es kann aber sein, dass sie auch dann mehrmals gelesen werden muss, damit sie verstanden wird. Wenn ja, dann liegt der Grund dafür vielleicht darin, dass man als Mensch gewohnt ist, in sophistischem Sinne nur zu denken und zu verstehen. Das gnostische Verstehen und Erkennen ist einem fremd. So wie einem heute auch Aristoteles näherliegt als Platon – obwohl es eigentlich Platon ist, der mit seinem Denken näher an den eigentlichen Menschen herankommt als Aristoteles. Denn der eigentliche Mensch ist, so meine ich, nicht der allein an das Stoffliche gebundene Mensch, sondern derjenige Mensch, der auch existiert, ohne dass es ihn, hier auf Erden, stofflich gibt oder geben muss.

Als »gnostisches Christentum« bezeichne ich das Christentum, von dem ich erzähle, weil es ein Christentum der Erkenntnis – und nicht wie das sophistische (oder auch paulinische) Christentum (lediglich) ein Christentum der Weisheit ist. Denn Gnosis bedeutet, aus dem Altgriechischen ins Deutsche übersetzt, Erkenntnis oder auch Wissen. Und Sophia, aus dem Griechischen oder Lateinischen übersetzt, Weisheit. Der Gnostiker ist also der Erkennende, Wissende, weil er selbstständig denkt und vom aufgeklärten Baum der Erkenntnis isst, und der Sophist der Weise, weil er nachdenkt und sich vom verklärten Baum der Erkenntnis, in dem sich die Schlange befindet, verführen lässt. Das Wissen führt den Menschen in die Zukunft und zu sich selbst und die Weisheit in die Vergangenheit und, weg von sich selbst, in ein Vergängliches. (Und wer immerwährend zurückschaut in die Vergangenheit, ganz im Sinne auch einer religio[1], ja sein gesamtes Leben mit der Vergangenheit einer Weisheit verbindet, erstarrt zur Salzsäule und verliert sein Seelisches wie Lots Frau. Auch Eurydike verlor ihr Leben durch einen Schlangenbiss – und Orpheus Eurydike, als er zurückschaute.)

Ich hoffe, dass diese Schrift ebenso, wie meine erste Schrift, zum Denken anregt – und in gleicher Weise vielleicht als Grundlage für ein anderes Verstehen des Menschen dient. Wenn die Quintessenz davon einigen Leserinnen und vor allem vielleicht einigen Lesern Mühe bereitet, so bedenke man, dass sie zumindest eine Erklärung dafür liefert, weshalb das Weibliche in der Welt so sehr von Männern immer unterdrückt und diskriminiert wurde und auch heute noch, vorab durch ein religiös motiviertes Denken, unterdrückt und diskriminiert wird. Diese Unterdrückung und Diskriminierung steht in keinem Verhältnis zu irgendetwas anderem in der Welt und ist somit einmalig.

PIRMIN A. BREIG, Basel, im Juli 2017

---

[1]  Religio heißt, aus dem Lateinischen ins Deutsche übersetzt, Rückbindung. Daraus entstand der Begriff Religion.

# PLATONS GESCHICHTE

Vieles, was Platon geschrieben hat, versteht man nicht. Oder erscheint kurios. Weil es einem zum Teil auch wie »frei erfunden« vorkommt. So zum Beispiel seine Kugelmenschen-Geschichte in seinem Symposion, die er Aristophanes erzählen lässt. Dieser berichtet, dass der Mensch ursprünglich völlig anders ausgesehen habe als heute. Er besaß eine runde, kugelförmige Gestalt mit vier Händen und vier Beinen und einen auf einem kreisrunden Nacken sitzenden Kopf mit zwei (einander gegenüberliegenden) Gesichtern mit je zwei Ohren. Auch gab es davon drei Geschlechter, nämlich ein rein männliches oder männlich-männliches, ein rein weibliches oder weiblich-weibliches und ein androgynes. Dieser ursprüngliche Mensch ging aufrecht, und wenn er schnell laufen wollte, so bewegte er sich im Kreise davon, so wie die Radschlagenden die Beine nach oben herumwerfend einen Kreis beschreiben. Sie waren auch gewaltig an Kraft und Stärke – und, gewissermaßen, vollkommen.

Da sie erstrebten, den Himmel zu ersteigen und die Götter anzugreifen, beratschlagte sich Zeus mit den anderen Göttern, was gegen sie unternommen werden könnte. Denn sie bedeuteten eine Gefahr für ihn. Am liebsten hätte er sie getötet oder wie die Giganten mit dem Donner erschlagen und als Geschlecht getilgt. Doch hätte er dies getan, so wären damit auch deren Ehren und Opfer vertilgt worden, von denen er doch, wie es scheint, sehr abhängig war. Deshalb beschloss er, sie, um sie zu bestrafen, in zwei Hälften zu teilen.

»Ich glaube, ein Mittel zu haben, wie die Menschen bestehen und doch von ihrem Übermut ablassen, indem sie schwächer werden«, sagte er. »Jetzt durchschneide ich sie nämlich, jeden in zwei Teile, und so wie sie schwächer werden, werden sie uns auch nützlicher sein, weil sie ja an Zahl mehr geworden sind, und sie mögen aufrecht auf zwei Beinen gehen.«

Diese nun aufrecht auf zwei Beinen gehenden Menschen litten jedoch seither, so Aristophanes, sehr am Verlust ihrer zweiten Hälfte, sodass sie deshalb im Leben immerzu nach dieser anderen Hälfte suchten, um sich mit ihr zu vereinen. Die ursprünglich rein männlichen Menschen suchten nach der ebenso männlichen, die ursprünglich rein weiblichen nach der ebenso weiblichen und die ursprünglich androgynen nach der jeweils entgegengesetzt-geschlechtlichen Hälfte (wobei es hier zwei Typen vom androgynen Geschlecht und somit insgesamt vier Geschlechter dann gegeben haben müsste, wenn diese Denkweise stimmen sollte, da ja nicht nur Männer Frauen, sondern auch Frauen Männer [oder umgekehrt] suchen!). Eine mögliche Erklärung also dafür, und dies also ganz in sophistischer Weise interpretiert, dass es nicht nur heterosexuelle, sondern auch homosexuelle Menschen gibt, beziehungsweise, dass sich Menschen generell nach einem anderen Menschen sehnen. »Daher ist jeder von uns das Gegenstück eines Menschen, weil wir wie die Schollen aus einem in zweie geschnitten wurden. Ewig sucht jeder sein Gegenstück.«

Nun kann man diese Geschichte, wie sie Aristophanes bei Platon erzählt, auch völlig anders, nämlich gnostisch, verstehen. Also so verstehen, dass das Hetero- und

Homosexuelle wegfällt und dadurch plötzlich Hintergründiges zum Vorschein kommt, das man sonst nicht erkennen würde – und damit, möglicherweise, die wirkliche Absicht dieser Geschichte offenbarte. Eine Absicht, die dann gänzlich mit Platons Ideenleere korrespondierte. Dafür muss man sich aber von einem rein stofflichen und sinnlichen Verständnis lösen – ohne jedoch dennoch auf Begrifflichkeiten eines rein Stofflichen oder Sinnlichen samt seinen Gesetzmäßigkeiten oder Wirkungsweisen zu verzichten. Nehmen wir hierzu deshalb die Geschlechtschromosomen zu Hilfe, die das menschliche Geschlecht bestimmen.

## *Die Chromosomen, die das menschliche Geschlecht bestimmen*

Per Definition werden jene beiden Chromosomen, die das Geschlecht eines Menschen bestimmen, als X- und als Y-Chromosomen bezeichnet. Im weiblichen Menschen kommt das X-Chromosom zweimal vor. Männliche Menschen dagegen haben ein X-Chromosom und ein Y-Chromosom. Es ist also das Y-Chromosom beim Menschen, das letztlich das männliche Geschlecht bestimmt. Kommt es nicht vor, ist oder bleibt der Mensch weiblich. Da es nur der männliche Mensch besitzt und auch nur von ihm als Vater weitergegeben werden kann, kann es, im Gegensatz zum X-Chromosom, nicht zweimal vorkommen – oder, wenn doch, dann nur in Verbindung mit einem X-Chromosom, das von der Mutter stammt und so gemeinsam dann mit diesem eine XYY-Trisomie bildet. Somit könnte man sagen, dass das Y-Chromosom auch nicht lebensfähig wäre, wenn es nicht mit einem X unterstützt würde – abgesehen davon, dass sich zwei Männer gemeinsam nicht fortpflanzen können. (Auch zwei Frauen können sich gemeinsam nicht fortpflanzen[2], aber dennoch kommt das X, nämlich beim weiblichen Menschen, zweimal vor.)

Wenn das Y-Chromosom dasjenige Chromosom ist, das letztlich das männliche Geschlecht bestimmt, so kann man es also generell als Chromosom bezeichnen, das mit dem Männlichen zu tun hat. Das Y ist also Ausdruck des Männlichen, des Männlichen als solchem. Dies im Gegensatz zum X-Chromosom, das generell mit dem Weiblichen zu tun hat, weil es das weibliche Geschlecht bestimmt. Das X-Chromosom hat aber auch mit dem Menschlichen allgemein zu tun, weil es auch die männlichen Menschen in sich besitzen. Dennoch soll hier das X als Ausdruck des allein Weiblichen, also des Weiblichen als solchem, bezeichnet werden, um damit das Weibliche vom Männlichen zu unterscheiden oder als solches erst zu verstehen. Zumindest dient eine solche Anschauung hier mal dazu, generell dann eine Aussage in Bezug auf das Geschlechtliche, und zwar ganz im gnostischen Sinne, zu formulieren.

---

2 Außer bei der Parthenogenese. Hier kann sich das Weibliche selber fortpflanzen, indem die Nachkommen aus unbefruchteten Eizellen entstehen. Diese Möglichkeit der Fortpflanzung wurde das erste Mal von Charles Bonnet, einem Biologen und Philosophen der Aufklärung beschrieben. Sie kommt beispielsweise bei manchen Fischen und Eidechsen und Schnecken vor.

Beide Chromosomen, also sowohl das X-Chromosom als auch das Y-Chromosom, sollen sich durch Mutation eines gemeinsamen Vorläuferchromosoms entwickelt haben. Das Y-Chromosom hat jedoch nur ein Drittel der Größe des X-Chromosoms. Es scheint tatsächlich einzig und allein die Aufgabe zu haben, das männliche Geschlecht hervorzubringen.

Übertragen auf Platons Kugelmenschen-Geschichte, die von ursprünglich drei Menschengeschlechtern ausgeht (und eigentlich aber von vier Menschengeschlechtern ausgehen müsste), nämlich von einem rein männlichen oder männlich-männlichen, von einem rein weiblichen oder weiblich-weiblichen und von einem androgynen (also männlich-weiblichen und auch weiblich-männlichen) Geschlecht, würde dies bedeuten, wenn man dem Männlichen, also dem Männlichen als solchem, nur jeweils ein Y und dem Weiblichen, also dem Weiblichen als solchem, nur jeweils ein X zuordnet, dass diese drei (oder eben vier) Geschlechter, chromosomal ausgedrückt, also ein YY-, ein XX- und ein XY- beziehungsweise YX-Geschlecht waren. Denn jedes dieser Geschlechter kann nur das entsprechende Geschlecht sein, wenn es auch jeweils die ihm entsprechende Chromosomen-Kombination in sich trägt. Also das rein männliche Geschlecht eine YY-, das rein weibliche Geschlecht eine XX- und das androgyne Geschlecht eine XY- oder YX-Kombination. Nur: Sind dann diese drei (oder vier) Geschlechter, so betrachtet, auch wirklich noch »Kugelmenschen«? Denn XX-Menschen und XY- beziehungsweise YX-Menschen gibt es auch heute, aber ohne dass sie Kugelmenschen sind. Einzig den YY-Menschen gibt es nicht, weil nur Männer das Y weitervererben, sich selber gemeinsam aber nicht fortpflanzen können und das Y ohne X, das ihm zur Seite steht, wohl auch, wie es scheint, nicht lebensfähig wäre. Antwort: Wenn man die Geschlechts-Chromosomen nur als solche betrachtet, ja. Denn dann kommen diese ja immer zweifach, also als XX, YY oder XY beziehungsweise YX, vor. Wenn man sie aber in einen »gnostischen Kontext« stellt, nein. Und hier sind wir beim Problem dieser Geschichte: Ohne »gnostischen Kontext« bleibt sie bei einem allein sinnlichen, eben sophistischen Verständnis stehen. Und Platon, so meine ich, kann ohne »gnostischen Kontext« eigentlich grundsätzlich nicht verstanden werden, da er, zumindest vielleicht als älterer Mensch oder als Verfasser seiner drei Gleichnisse, die seine Ideen-Lehre beschreiben[3], selbst doch diese vertrat oder zumindest zu vertreten scheint. Ob Platon hier bei der Kugelmenschen-Geschichte aber schon bewusst gnostische Inhalte zum Ausdruck geben wollte, muss nicht sein, weil einiges, wie man auch später noch sehen wird, diesem doch widerspricht. Vielleicht hat er nur eine gnostische Geschichte aufgegriffen und (sophistisch) verarbeitet, ohne selber genau um deren gnostischen Inhalt (noch) zu wissen? Doch was heißt »gnostisch«?

---

3  Bei den drei Gleichnissen seiner Urideen-Lehre handelt es sich um das Sonnen-, das Linien- und das Höhlengleichnis. Alle drei Gleichnisse sind in seiner Politeia enthalten.

# Über die gnostische Anschauung

Die gnostische Anschauung geht davon aus, dass der irdische Mensch Geschöpf eines Gottes ist, der sich selber als Geschöpf zweier Gottheiten über ihm versteht. Und es sind letztlich alle drei dieser »Gottheiten«, die den Menschen bestimmen. Die beiden Götter, die über dem Schöpfergott des Menschen stehen und diesen auch erschaffen haben, sind – nach gnostischer Lehre – einerseits ein Schein- oder Lichtgott und anderseits ein Gott der Dunkelheit und der Materie. Sie werden als abgefallene Götter bezeichnet, weil sie der wahren, urideellen oder besser urideell-reellen[4] Welt, wie sie der Gnostiker bezeichnet, entrückt sind – und sind beide männlich. Der Schein- oder Lichtgott ist männlich, weil er als Gott dem Baum der Erkenntnis[5] entspricht, den er jedoch verklärt und zur Lüge macht, und der Gott der Dunkelheit und der Materie ist männlich, weil er das Weibliche negiert und so selbst nicht mehr Ausdruck des Baums des Lebens, sondern nur noch Ausdruck des Baums des Todes ist.[6] Denn die gnostische Lehre geht davon aus, dass die

---

4  Wie in meiner ersten Schrift soll der Begriff »urideell« fortan, und zwar in der gesamten Schrift, mit einem »reell« ergänzt werden, damit nicht der Eindruck entsteht, es handle sich dabei um einen Begriff, der ein Fiktives oder Illusionäres, Irreelles beschreibt.

5  Der Baum der Erkenntnis und auch der Baum des Lebens werden in meiner ersten Schrift ausführlich beschrieben. Auch wie sie zum Baum der Verklärung oder der Lüge und zum Baum des Todes werden.

6  Es ist interessant, dass sich Frauen im Islam, um sich als Weibliches zu negieren, mit schwarzen Kleidern einhüllen

Welt, in der der Mensch lebt, eine *abbildhafte* Welt ist. Also eine Welt ist, die letztlich *nicht wirklich* wirklich, sondern *nur scheinbar* wirklich ist, weil sie *nacherschaffen* und somit auch unvollkommen und vergänglich ist. Nämlich nacherschaffen von diesen beiden Gottheiten, die selber die Schöpfer des Schöpfergottes der Menschen sind. Sie hatten die Welt, in der der Mensch nun (ebenso) lebt, einer wahren, urideell-reellen Welt nacherschaffen, indem sie der physischen Grundsubstanz (auch Genom-Substanz?) des Menschen, wie er da in der wahren, urideell-reellen Welt am Entstehen war, Licht (Intelligenz?) und Materie gestohlen haben. Damit rissen sie auch ihn, den Menschen, in diese von ihnen daraus erschaffene abbildhafte Welt hinab, sodass er der wahren, urideell-reellen Welt verloren ging und sich auch nicht mehr, wie eigentlich vorgesehen, den unvergänglichen

---

(müssen), zumal Schwarz (generell) Ausdruck des Todes ist. Dadurch werden sie, die eigentlich in Zusammenhang mit dem Baum des Lebens stehen, zum Ausdruck des Baums des Todes – und männlich (sodass sie deshalb vielleicht auch von den islamischen Männern besser akzeptiert werden? Denn alles, was mit ihrem Weiblichen zu tun hat, so vor allem auch der Kopf, muss verdeckt werden.). Es sind die Männer, nämlich als Ausdruck des Baums der Verklärung (oder der Weisheit oder der Lüge, also als Baum der Erkenntnis, in dem sich die Schlange befindet), die sie dazu führen oder gar zwingen, sich als Weibliches zu negieren und dadurch Ausdruck des Baums des Todes zu werden. Aber auch die Frauen, die sich negieren, machen, umgekehrt, Männer zum Ausdruck des Baums der Lüge. Wie das Männliche innerhalb der Sophistik mit der Verklärung und der Lüge und das Weibliche mit dem Tod oder dem Nichts in Zusammenhang stehen, kann in meiner Schrift »Das gnostische Christentum« nachgelesen werden.

und vollkommenen physischen Leib aneignen konnte. Dessen Leib jetzt ist also genauso vergänglich und unvollkommen, wie die abbildhafte Welt vergänglich und unvollkommen ist, in die er hineingerissen wurde, aber genauso auch vergänglich und unvollkommen und abbildhaft, wie die beiden abgefallenen Götter, die die Götter-Väter vom Schöpfergott der Menschen sind, und auch der Schöpfergott der Menschen selbst vergänglich und unvollkommen, aber auch abbildhaft sind. Der Schöpfergott der Menschen, meist Jehova oder Jahwe genannt, der die Licht- und dunkle Seite seiner Götter-Väter in sich trägt und deshalb Ausdruck des Mondes ist, der ebenso eine Vollmond- und eine Neumond-Seite besitzt, hat den männlichen Erdenmenschen nach seinem Ebenbild geschaffen. Der weibliche Erdenmensch wurde nach dem Ebenbild einer weiblichen Instanz geschaffen, auf die später noch eingegangen wird.

Wenn man nun diesen männlichen Erdenmenschen betrachtet, wie er da vom Schöpfergott Jehova oder Jahwe, und zwar als Adam, erschaffen worden war, so stellen wir – nach gnostischer Betrachtung – fest, dass dieser, weil er als allein männlicher Mensch erschaffen worden war, ein YY-Mensch gewesen war oder gewesen sein muss. Denn nur ein YY-Mensch ist ein wirklicher männlicher Mensch – und eben das Abbild seines Schöpfergottes, der seinerseits das »Resultat« seiner beiden (ebenso allein männlichen) Götter-Väter ist. Doch dieser war – nach gnostischer Erkenntnis – tatsächlich nicht lebensfähig – und was noch schlimmer ist: er war ein (kugelförmiger) Klumpen, der gar nicht dem Abbild eines Menschen entsprach, da auch der Schöpfergott

Jehova oder Jahwe selbst nicht das Antlitz des Menschen besitzt. Jehovas oder Jahwes Antlitz ist eher das eines Tieres, nämlich eines Löwen, wenn er mit seiner hellen Seite erscheint, oder das eines Widders, wenn er sich mit seiner dunklen Seite zeigt. Die helle Seite hat er von seinem Vater-Gott, der ein Schein- oder Lichtgott ist, geerbt und die dunkle Seite von seinem Vater-Gott, der der Gott der Dunkelheit und der Materie ist.

Als die beiden Götter-Väter sahen, welch Missgeschick ihr Sohn Jehova angerichtet hatte, schämten sie sich dafür. Sie wollten seine Schöpfung, die ein Mensch werden sollte, um sich darinnen selbst einst als »Menschen« zu inkarnieren, rückgängig machen. Rückgängig machen, um sie dann, so wohl ihre Absicht, nochmals neu zu beginnen. Sie traten deshalb an die urideell-reelle Mutter-Elternheit[7] heran, die außerhalb der abbildhaften Welt wohnt und dafür, also um dieses Missgeschick zu beheben, ihre Tochter, die Pronoia, schickte. Diese sollte sich mit ihrem vollkommenen Menschenantlitz und ihrem unvergänglichen Leben in den von Jehova oder Jahwe erschaffenen Klumpen, der ein Mensch sein sollte, hineinlegen, damit dieser so mit Leben versehen werde und das Antlitz des Menschen erhielte. Es war die Pronoia, die gemeinsam mit dem Sohn der urideell-reellen Mutter-Vater-Elternheit, der in der christlichen Gnostik als wahrer Christus bezeichnet wird, dabei war, den wahren Menschen zu erschaffen, als die beiden Götter-Väter aus

---

7   Die urideell-reelle Mutter-Elternheit, beziehungsweise die Mutter-Vater-Elternheit, wird in meiner ersten Schrift ausführlich beschrieben. Auch wieso sie als »Elternheit« und nicht als »Gottheit« bezeichnet wird.

dessen physischen Grundsubstanz Licht und Materie gestohlen haben. Sie wollte damit den Menschen retten, der ihr verloren ging, ihn zurückholen aus der abbildhaften Welt und aber auch aus dessen abbildhaften, unvollkommenen und vergänglichen Leiblichkeit, in die er durch den Raub der beiden Götter-Väter hinab- und hineingerissen und quasi eingesperrt wurde.

Als sie dabei war, sich in den Klumpen, der ein Mensch sein sollte, hineinzulegen, da wurde dieser Klumpen auf einen Schlag (ebenso) lebendiger Mensch – und Kugelmensch, da sich ihre Qualitäten mit den Qualitäten Adams vereinten und sich dadurch insgesamt die Qualitäten Adams verdoppelten. Ein Umstand jedoch für Jehova oder Jahwe, oder vielleicht sogar für die beiden Götter-Väter selbst, fortan nach dem ewigen Leben der Pronoia zu trachten, da dieses für sich zu erlangen ihr eigentliches Ziel war. Aus diesem Grund sollte Jehova auch den Menschen erschaffen, um einst durch diesen Menschen selbst zu ewigem Leben zu kommen. Bereits Jehova war ein Versuch, nämlich ein vergeblicher der beiden Götter-Väter, einen Menschen hervorzubringen. Sie versuchten also, die Pronoia zu fassen, um ihr das ewige Leben abzunehmen und sich damit selbst unsterblich zu machen, und zwar unsterblich mit all ihren Unvollkommenheiten, wie sie heute auch der Mensch besitzt, da er sie von ihnen respektive von Jehova als »Erbsünde« geerbt hat.

Als die Pronoia deren Absicht bemerkte, da zog sie sich in Sekundenschnelle wieder zur Hälfte aus dem Menschen zurück, sodass nur noch ihre schattenhafte Seele und ein abbildhaftes, vergängliches Leben, die Epinoia, im Menschen zurückblieb. Im letzten Moment verhinderte sie dadurch das Schlimmste – ohne dabei den Menschen zu verlieren oder aufzugeben! Denn wäre sie von den beiden Götter-Vätern oder von Jehova in ihrer Ganzheit ergriffen worden, so wäre nicht nur sie selbst, sondern auch der Mensch für immer verloren gewesen. Niemals hätte sie oder der Mensch den Weg wieder zurück in die urideell-reelle Welt, aus der sie beide stammen, mehr antreten können. Auch wäre die abbildhafte Welt selbst, und damit auch die Unvollkommenheit, unvergänglich geworden. Die abbildhafte Welt samt ihrer Ungerechtigkeit, Diskriminierung, Sklaverei, Ausbeutung und ihren darwinistischen Gesetzen.

## Gnostischer Inhalt sophistisch gedeutet

Wenn man die Kugelmenschen-Geschichte Platons nach gnostischen Gesichtspunkten beurteilt, erkennt man, dass diese so, wie er sie Aristophanes erzählen lässt, nebst dem Umstand, dass er von drei Geschlechtern spricht, obwohl er, auch sophistisch gesehen, eigentlich von vier Geschlechtern ausgehen müsste, auch sonst nicht ganz richtig ist oder nicht ganz richtig sein kann. So spricht er beispielsweise auch bereits beim ursprünglichen Menschen vom Kugelmenschen, obwohl dieser, nach gnostischer Erkenntnis, erst dann entstanden ist oder entstanden sein kann, als sich die Pronoia in den Klumpen Adam legte, der von Jehova, also Zeus, erschaffen wurde und Mensch sein sollte. Das heißt, Adam, der eigentliche ursprüngliche Mensch, war noch nicht Kugelmensch, sondern höchstens »kugelig«. Denn dieser Kugelmensch wird ja auch als ein »doppeltes« Wesen mit vier Armen und vier Beinen und zwei Gesichtern beschrieben und auch als eines, das deshalb gewaltig an Kraft und Stärke gewesen und aufrecht gegangen sein soll, was Adam aber alles noch nicht war und eindeutig auf das Leben und die Ich-Kraft der Pronoia hindeutet. Als (kugeliger) Klumpen hatte Adam noch keine aufrechte Gestalt[8] und er war leblos, so wie die Planeten im Weltall. Auch fehlte ihm, wie bei den Planeten, das menschliche Antlitz, das er ebenso erst durch die Pronoia, die sich in ihn legte, erhielt. Und dass sich dieser Kugelmensch, wenn er schnell laufen wollte, im Kreise davonbewegte, wie Aristophanes erzählt, weist ebenso auf Adam hin, in den sich die Pronoia legte, da dies bildlich einem Lebensrad entspricht, das nach gnostischer Erkenntnis das Symbol oder Zeichen für den wahren, urideell-reellen Menschen ist.

Weil dieser Kugelmensch aber das Leben und die Gestalt des wahren Menschen in sich trug, wurde er tatsächlich, wie Aristophanes erzählt, eine Gefahr für Jehova, also für Zeus. Denn er hätte die abbildhafte Welt, so wie es die Pronoia bezweckte, verlassen und sich wieder in Richtung der urideell-reellen Welt, welches die wahre unvergängliche und vollkommene Welt des Menschen ist, begeben können, wenn dies Jehova, also Zeus, nicht verhindert hätte. Dadurch hätte Jehova, also Zeus, wie Aristophanes schildert, Ehren und Opfer, wie er es vom Menschen gewohnt war, verloren. Ehren benötigt er, um

---

8 Aufrecht bedeutet auch aufrichtig. Denn wer aufrichtig sein will, muss auch aufrecht sein.

in seinem eigenen Wesen immerwährend reflektiert, also bestätigt, zu werden. Und das Opfer, um damit gewissermaßen selber »leben« zu können. Denn jedes Opfer bedeutet Leben, nämlich Leben für Jehova, der sich damit selbst ein »künstliches« Lebensrad ermöglicht, das sich immerwährend im Kreise dreht, wie das Blut im Blutkreislauf im Menschen oder der Blutkreislauf im Menschen selbst. Das Opfer der ersten Menschen bedeutet, dass sie auf die urideell-reelle Welt verzichten und Jehova dienlich sein mussten.

Jehova oder Zeus versuchte zu verhindern, dass dieser Kugelmensch die abbildhafte Welt ganz im Sinne der Pronoia verlassen könnte, indem er, gnostisch gedeutet, nach dem ewigen Leben und somit nach der Pronoia selbst griff. Denn so würde er ihm, dem Kugelmenschen, das ewige Leben wieder nehmen und es gleichzeitig für sich gewinnen. Als sich die Pronoia dann zur Hälfte aus Adam zurückzog, teilte sie Adam in zwei Hälften, wobei sie dabei jedem dieser beiden Hälfte einen weiblichen Anteil von sich, also ein X, zurückbehielt, das sich mit einem Y verband, um so beiden Adams, die jetzt Kain und Abel hießen, weiterhin, wenn auch nur schattenhaft, das Leben und das menschliche Antlitz zu ermöglichen. Während Kain als YX-Mensch mehr die Qualitäten des Götter-Vaters der Dunkelheit und der Materie in sich trug, so trug Abel als XY-Mensch mehr die Qualitäten des Götter-Vaters des Scheins oder des Lichts in sich. Auch sonderte sie alle Anteile, die mit Jehova in Zusammenhang standen und dadurch dem eigentlichen, wahren Menschen ein wirkliches Menschsein verunmöglichten, aus diesem in zwei Teile geteilten Adam ab, sodass daraus Pflanzen und Tiere wurden. Pflanzen und Tiere sind letztlich also, gnostisch gesehen, Absonderungen des Menschen, um diesen dadurch von Eigenschaften Jehovas, die ihn hindern, wirklich Mensch zu sein, zu befreien.[9] Auf Erden traten zuerst die Pflanzen, dann die Tiere und zuletzt der Mensch selbst als irdischer Mensch in Erscheinung.

Mit Kain und Abel, die aus der Halbierung Adams und dem gleichzeitigen Rückzugs der Pronoia aus Adam

---

9  Nach sophistischer Lehre sollen alle diese Tiere wieder in den Menschen hineingenommen werden – um damit die Tat der Pronoia rückgängig zu machen. Dieser wieder mit allen Tieren versehene Mensch ist für sie der »neue Adam«, auf den in dieser Schrift noch ausführlich eingegangen wird. In der Bibel wird diese Rücknahme der Tiere in den »neuen Adam« als Geschichte Noahs beschrieben. Die Arche Noah entspricht dem Leib des »neuen Adam«. Die Taube, die als Friedenstaube erscheint, ist gleichzeitig Symbol für den zukünftigen »Heiligen Geist«, der am Ende dieser Schrift ebenso behandelt wird. Auch Abel brachte Jehova die Tiere zurück, indem er Kain zuvor das Tieropfer raubte (siehe meine erste Schrift) und dafür von Jehova gelobt wurde. Abel kann also mit Noah gleichgesetzt werden. Die Pflanzen dagegen brachte Jesus zurück, nämlich am letzten Abendmahl, als er (symbolisch) Wein in sein Blut und Brot in seinen Leib wandelte – als Seth, der Abel ersetzt hat, und dadurch als Abel, der Kain auch das Pflanzenopfer geraubt hat. Somit waren also die Tiere und die Pflanzen für den »neuen Adam« wieder gerettet – und indem der wahre Christus (»ecce homo«), also der individuelle Mensch, dann noch für Jesus geopfert wurde, auch der »neue Adam« selbst. Es waren also drei Schritte nötig, um den »neuen Adam« vorzubereiten. Drei Schritte, die letztlich der Dreifaltigkeit Vater (Tiere retten), Sohn (Pflanzen retten) und Heiliger Geist (Mensch opfern und dadurch das Kollektiv oder Volk, also »Uradam«, retten) entsprechen.

hervorgingen, entstanden also zwei Typen von männlichen Menschen. Doch diese beiden Typen von männlichen Menschen konnten sich nicht fortpflanzen. Es fehlte ihnen dafür ein weibliches Gegenüber. Aus diesem Grund (und auch, weil das Weibliche selbst ebenso gerettet werden musste) beorderte die urideell-reelle Mutter-Elternheit Jehova ein weiteres Mal, einen Menschen zu schöpfen, diesmal jedoch nicht nach seinem Ebenbild, sondern nach dem Ebenbild der Pronoia, ihrer Tochter. Daraus entstand Eva, in die sich die Pronoia ebenso legte, um sich dann, gleich wie bei Adam, zur Hälfte zurückzuziehen. Aus Eva entstanden zwei Töchter, die zwar beide XX-Menschen waren, sich aber ebenso, wie Kain und Abel, in zwei Typen zeigten.

# DER XXYY- UND DER XXXX-MENSCH

Wenn Platon in seinem Symposion Aristophanes erzählen lässt, dass es ursprünglich drei Menschengeschlechter gegeben habe (die aber als vier Menschengeschlechter hätten bezeichnet werden müssen), nämlich ein rein männliches oder männlich-männliches, ein rein weibliches oder weiblich-weibliches und ein androgynes (also ein männlich-weibliches und auch ein weiblich-männliches), so kann man diese drei (oder eben vier) Menschengeschlechter, gnostisch betrachtet und vereinfacht, als YY-, XX- und als XY- und YX-Menschen bezeichnen. Diese drei (oder vier) Menschengeschlechter waren aber keine Kugelmenschen, da der Kugelmensch erst entstand, als sich die Pronoia in Adam oder auch in Eva legte. Adam war ein YY-Mensch und Eva ein XX-Mensch. Während Adam ein lebloser Klumpen ohne menschliches Antlitz war, so musste Eva, die »Mutter alles Lebendigen«, bereits ein Wesen mit menschlichem Antlitz gewesen sein, weil sie, im Gegensatz zu Adam, zwar ebenso aus der Materie, aber nach dem Ebenbild der Pronoia erschaffen war.[10] Auch in sie legte sich die Pronoia, weil ihr, als ebenso aus der Materie geschöpftes

---

10 Aus diesem Grund wohl hatte sie Jehova selber als schön empfunden. Denn Schönheit steht, zumindest gnostisch gesehen, wie das Wahre und das Gute, letztlich immer mit der Pronoia respektive mit der urideell-reellen Welt in Zusammenhang. Je mehr ein Mensch von deren Qualitäten in sich zum Ausdruck bringt, desto mehr wird er als schön empfunden.

Wesen, wie bei Adam, das Leben fehlte. Da auch die Pronoia wie Eva ein XX-Mensch, jedoch ein vollkommener und mit ewigem Leben versehener XX-Mensch, war und Adam ein YY-Mensch, entstand daraus, als sich die Pronoia in Adam legte, ein XXYY-Mensch, der Kugelmensch. Der Kugelmensch ist also ein XXYY-Wesen. Aber auch ein XXXX-Wesen, als sich die Pronoia in Eva legte.

*Pronoia XX + Adam YY = Kugelmensch XXYY*
*Pronoia XX + Eva XX   = Kugelmensch XXXX*

Diese beiden Kugelmenschen wurden jeweils in zwei Hälften geteilt, wobei in jeder dieser Hälften immer ein X der Pronoia enthalten sein musste, damit diese Hälfte ihrerseits zu leben fähig war. Vier Hälften entstanden also, nämlich zwei männliche und zwei weibliche beziehungsweise zwei XY- und zwei XX-Hälften. Die zwei männlichen Hälften entsprachen Kain und Abel und die zwei weiblichen denjenigen Töchtern, aus denen einst die schwarze Sarah und die salomonische Maria hervorgingen.

*Kugelmensch XXYY geteilt in zwei Hälften*
*= YX (Kain) und XY (Abel)*
*Kugelmensch XXXX geteilt in zwei Hälften*
*= XX (schwarze Sarah) und XX (Salome)*

So wie Kain dem Nachtbereich und Abel dem Tagbereich zugeordnet werden kann[11], entspricht die Tochter, aus der

---

11  Die Begriffe Tagbereich und Nachtbereich werden ausführlich in meiner Schrift »Das gnostische Christentum« beschrieben.

dann die schwarze Sarah hervorging, dem Nachtbereich und die Tochter, aus der die salomonische Maria abgeleitet werden kann, dem Tagbereich. Dem Nachtbereich entspringen Denk- und Sexualkraft und dem Tagbereich die Kraft des Kehlkopfs und der Emotionen (»Herz«).

Dass der YY-Mensch Adam entspricht, hat damit zu tun, dass Adams Vater, der Vater-Gott Jehova oder Zeus, ihn nach seinem Ebenbilde erschaffen hat und er, Jehova oder Zeus, selber der Sohn zweier Götter-Väter ist. Das heißt, auch er, Jehova oder Zeus, ist YY-Wesen wie Adam, wobei das eine Y in ihm, wie bei Adam, dem einen Vater-Gott, also dem Schein- oder Lichtgott (Energie[12]), und das andere Y in ihm, dem anderen Vater-Gott, also dem Gott der Dunkelheit und der Materie (Materie), entspricht.

---

12  Mit Energie ist hier die elektrische Energie, also die Elektrizität, gemeint. Sie ist (gemeinsam mit der Radioaktivität) die primitivste Form von Leben. Mit ihr können Maschinen, auch Roboter, in Bewegung gesetzt und somit (künstlich) zum »Leben« erweckt werden. (Der Roboter ist also eine Maschine, die gemeinsamer Ausdruck der beiden Götter-Väter Jehovas ist. Sie besteht aus Materie und Energie – und besitzt kein Ich und keine Seele.) Eine höhere Form von Leben ist das abbildhafte, auch schattenhafte Leben (Epinoia), da es, im Gegensatz zur Elektrizität (und Radioaktivität), bereits Seelisches in sich enthält. Die höchste Form von Leben ist das unvergängliche, also ewige Leben (Pronoia).

## Gott des Scheins/des Lichts Y + Gott der Dunkelheit/Materie Y = Jehova YY

Mit einer Verdoppelung des Y, wie sie bei Adam oder Jehova, dem rein männlichen, also männlich-männlichen Geschlecht, vorhanden ist, kann nicht nur eine Verdoppelung des Männlichen in seinen Eigenschaften verstanden werden, sondern vor allem auch das gemeinsame Wirken von den beiden Götter-Vätern, dem Schein- oder Licht-Gott und dem Gott der Dunkelheit und der Materie, in ihm, welche beide männlich sind. Der Schein- oder Lichtgott ist, wie bereits erfahren, männlich, weil er als Gott dem Baum der Erkenntnis entspricht, den er jedoch verklärt und zur Lüge macht (Schlange oder Hahn), und der Gott der Dunkelheit und der Materie ist männlich, weil er das Weibliche negiert und so selbst nicht mehr Ausdruck des Baums des Lebens, sondern nur noch Ausdruck des Baums des Todes ist (Reichsadler[13]). Das heißt in anderen Worten: Dem einen dieser Götter-Väter kann das eine Y und dem anderen dieser Götter-Väter das andere Y zugeordnet werden, sodass also beide Götter-Väter jeweils aus einem Y bestehen – und gemeinsam Jehova als YY-Wesen »gezeugt« haben.

Bei Eva verhält es sich ähnlich – und doch etwas anders. Auch bei ihr kann, einerseits, ihr XX-Wesen als eine Verdoppelung des Weiblichen in seinen Eigenschaften

---

13  Der Reichsadler unterscheidet sich vom Adler der Pronoia, der sich als Ausdruck des Individuellen, Mündigen zeigt, indem er Ausdruck eines Kollektiven, also Reichs, oder letztlich sogar »Völkischen« ist. Während der Adler der Pronoia weiblich ist, ist der Reichsadler männlich.

als solchem verstanden werden, anderseits aber nicht als gemeinsames Wirken abbildhafter Wesen in ihm wie bei Adam, sondern, weil sie nach dem Ebenbild der Pronoia erschaffen ist, als gemeinsames Wirken einer urideell-reellen Mutter- und Vater-Elternheit. Denn es entsprechen, gnostisch betrachtet, das eine X in ihr, auch wenn es ein X ist, einer urideell-reellen Vater-Elternheit – diese urideell-reelle Vater-Elternheit ist der (im gnostischen Sinne) wahre Christus – und das andere X in ihr einer urideell-reellen Mutter-Elternheit – diese urideell-reelle Mutter-Elternheit ist die Pronoia –, weil das X (als Ausdruck eines letztlich Vollkommenen) im Gegensatz zum Y (als Ausdruck eines Unvollkommenen), das mit der abbildhaften, vergänglichen Welt in Zusammenhang steht, generell Ausdruck einer urideell-reellen Welt ist. Somit kann das Geschlecht des Weiblich-Weiblichen, weil es, gnostisch gesehen, auf eine sowohl urideell-reelle Mutter- als auch eine urideell-reelle Vater-Elternheit zurückgeht, als Ausdruck eines Menschen verstanden werden, der, im Gegensatz zum Geschlecht des Männlich-Männlichen, das Ausdruck eines zweifachen Männlichen im Sinne eines Schein- oder Licht-Gotts und eines Gotts der Dunkelheit und der Materie ist, selbst aus einem sowohl weiblichen als auch männlichen Anteil besteht. Während das Geschlecht des Männlich-Männlichen, gnostisch gesehen, mit Jehova und dann auch mit Adam gleichgesetzt werden kann, so entspricht das weiblich-weibliche Geschlecht dagegen, das als Pendant zum Geschlecht des Männlich-Männlichen auch Ausdruck eines generell Weiblichen ist, eindeutig, ebenso gnostisch gesehen, der Pronoia und dann eben auch Eva. Eva jedoch, die dann wie Adam in zwei Hälften geteilt wurde und nun, wie Adam, der zwei Söhne hat, zwei Töchter besitzt. Im Gegensatz zu Adam, der anfänglich klumpenhaft und ohne menschliches Antlitz war, muss bei Eva, wie bereits erwähnt, davon ausgegangen werden, dass sie schon von Anfang an das menschliche Antlitz besaß. Denn Adam wurde nach dem Ebenbilde Jehovas und Eva nach dem Ebenbilde der Pronoia erschaffen.[14]

## *Die Schlange und der Adler*

Die Frage, weshalb die Schlange im Paradies an Eva herantrat, um sie zu verführen, kann damit beantwortet werden, dass sie, die Schlange, indem sie sich selbst in den Baum der Erkenntnis begab, um so die Erkenntnis zu verfälschen und zu verklären, Eva in Richtung des Baums des Todes führen wollte, um so das weibliche Geschlecht generell zu eliminieren. Denn wer vom Baum

---

14  Aus diesem Grund haben also all jene religiösen Vertreter Recht, wenn sie behaupten, dass das Weibliche nicht von Gott (Jehova) abstamme. So zum Beispiel auch der Kirchenlehrer Ambrosius. Dieser meinte sogar, dass sich Frauen deshalb das Haupt verhüllen müssten. Auch Paulus empfahl den Frauen, in der Gemeinde zu schweigen oder sich, wie er im ersten Brief an die Korinther schrieb, beim Beten das Haupt zu verhüllen, wenn sie sich schon nicht ihre Haare abschneiden wollten. (Haare weisen auf den nathanischen Strom, den Strom der Nachtseite hin.) Der Christus wäre das Haupt des Mannes und das Haupt des Mannes das Haupt der Frau – was auch immer das bedeuten mag. Ein Mann brauche sich nicht das Haupt zu verhüllen, so meinte Paulus, weil er Abglanz Gottes wäre, dies im Gegensatz zur Frau.

der Erkenntnis isst, in dem sich die Schlange befindet, muss unweigerlich sterben. Doch das Sterben Evas, und damit auch das Sterben Adams – die von der Schlange verführte Eva gab ihre Weisheit an Adam weiter –, bedeutete auch für Jehova das schnellere Ende seines eigenen Bestehens, sodass er deshalb die Schlange verdammte, den Menschen verführt zu haben. Wie eine Batterie, die nicht mehr mit Strom versorgt wird, musste auch er nun um seine Energie bangen. Denn Jehova lebt durch den Menschen, der ihn ehrt und sich ihm opfert. Nun musste der Mensch sich opfern, indem er durch den Tod geht und dann neu entsteht, wieder geboren wird – und ihm so nun seinen »Blutkreislauf« garantiert. Deshalb wohl schickte er dann auch, als der wahre Christus auf Erden erschien[15], seinen Sohn Jesus (oder Judas)[16] zu den Menschen, damit dieser dem Christus das »ewige Leben«, das das »ewige Leben« für ihn sein sollte, an sich reiße. Für Jehova und dessen Sohn ging oder geht es also immer nur um sich selbst – und niemals um den Menschen. Der Mensch ist für ihn nur das Mittel zum Zweck. Dass der Mensch selbst dies anders meint, ist Teil der Lüge, wie sie eben gerade auch in der Schlange zum Ausdruck kommt. Es ist auch Teil der Lüge, dass er meint, er wäre der Verantwortliche für die Sünde in der Welt, sodass er dafür Buße tun, sich kasteien und bestrafen lassen muss.

---

15  Siehe hierzu in meiner ersten Schrift.
16  Wer war der wirkliche Messias? Jesus oder Judas? Diese Frage behandelt meine erste Schrift – mit dem Resultat, dass eigentlich Judas dafür vorbestimmt gewesen wäre. Aus diesem Grund trug er wohl auch den Namen der Juden.

Doch es trat im Paradies auch der Adler[17] an Eva heran, um sie zur wahren Erkenntnis und somit zum ewigen Leben und auch wieder zurück in die urideell-reelle Welt zu führen. Der Adler war die Pronoia. Diese zeigte sich ihr als Adler, weil sie sich wohl zu dieser Zeit nur auf diese Weise zeigen konnte, denn außer Eva und Adam war noch kein menschliches Sein, in das sie sich hätte inkarnieren können, vorhanden – und der Adler entsprach der Fähigkeit des Denkens. Somit war es also nicht nur der verfälschte Baum der Erkenntnis, von dem zu essen Jehova Adam und Eva verbot, sondern auch der wahre. Da er beim wahren Baum der Erkenntnis umso mehr zu befürchten hatte, dass Adam und Eva ihres wirklichen Menschseins, aber auch seines Wesens, das in seinem Antlitz eher einem Löwen oder Widder als einem Menschen glich, bewusst werden könnten – was dann zum Teil auch geschah. Denn als sie einen Bissen der Erkenntnis in sich aufnahmen, da wurden sie sich ihres tierischen Leibes bewusst, der nichts mit dem wahren Menschen, dafür aber umso mehr mit Jehova und dessen Natur zu hat, sodass sie sich augenblicklich dafür schämten – und, aus Angst vor Jehova, versteckten. Ein Trauma, so könnte man meinen, das sich bis hin zu einer Art »Stockholm-Syndrom«[18] beim Menschen dann

---

17  Diese Gegebenheit wird von der Sophistik bewusst negiert, da sie generell auch nichts von einer Pronoia wissen will – oder gar weiß.

18  Als Stockholm-Syndrom wird jene Reaktion bei einem Menschen bezeichnet, die veranlasst, dass er als Opfer ein positives emotionales Verhältnis zum Täter aufbaut und so mit diesem gar kooperiert, statt sich von ihm löst und distanziert.

entwickelte. Denn seither meint der Mensch, diesem Vater-Gott huldigen zu müssen, ihn in Schutz zu nehmen und zu verehren, statt ihn von sich zu weisen und bei sich oder in sich umso mehr das eigene wahre Menschsein zu ergründen. Auch Gott Jehova schämte sich daraufhin seiner selbst, das heißt, weil er in seinem niederen Wesen entdeckt wurde, sodass er Adam und Eva, die als Wesen viel höher waren als er, aus dem himmlischen Reich, hinab in die materielle Welt warf, wo sich der Mensch heute noch befindet.

# DAS MÄNNLICHE,
# DEM EIN Y FEHLT

Im Gegensatz zu den Männern, die in ihrem Ge-
schlechtschromosomenpaar ein Y-Chromosom besitzen, besitzen die Frauen dagegen, deren Geschlechts-
chromosomenpaar aus zwei X besteht, kein Y. Wenn man
das Y als Ausdruck der abbildhaften Welt und das X als
Ausdruck einer urideell-reellen Welt versteht, so bedeutet das, dass dem Weiblichen der (direkte) Zugang zur abbildhaften Welt, zumindest zur Zeit Evas, erschwert war.
Dafür war ihm aber der Zugang zur urideell-reellen Welt
erleichtert, sodass deshalb wohl im Paradies die Pronoia
als Adler an Eva und nicht an Adam herantrat. Denn
wäre sie an Adam herangetreten, so wäre dies zweck-
los gewesen, da dieser sie wohl in ihrer aufklärerischen
Absicht nicht verstanden hätte. Doch aus diesem Grund
sind dagegen Männer, also umgekehrt, mehr (noch) »von
Natur aus« mit der abbildhaften Welt verbunden, sodass
sie deshalb vielleicht auch als das »starke Geschlecht«
bezeichnet werden – obwohl sie es eigentlich, gnostisch
gesehen, aber gar nicht sind. Denn ihnen fehlt, um in der
abbildhaften Welt wirklich »starkes Geschlecht« zu sein,
ein zweites Y-Chromosom. Denn erst die Verdoppelung
desjenigen Chromosoms, das das eigene Geschlecht bestimmt, macht eigentlich wirklich »stark«. Dies im Gegensatz zu den Frauen, bei denen dies der Fall ist. Bei ihnen existiert das geschlechtsbestimmende Chromosom,
also das X-Chromosom, zweimal! Somit sind es also die
Frauen, gnostisch gesehen, die – eigentlich, wenn nicht

von der Natur aus, das heißt während der Embryonalent-
wicklung, das eine X inaktiviert würde[19] – als das »starke
Geschlecht« bezeichnet werden müssten.

Und es wird für die Männer noch schlimmer: Ihnen
fehlt nicht nur ein zweites Y-Chromosom in ihrem Ge-
schlechtschromosomenpaar, um wie die Frauen »starkes
Geschlecht« zu sein, sondern das Chromosom, das sie
stattdessen besitzen, ist ein X-Chromosom und somit
(wenn man es nicht als Ausdruck eines urideell-reellen
Männlichen versteht!) Ausdruck eines Weiblichen! Somit
sind sie in ihrem eigentlichen Wesen also, wenn man das
so sagen will, zumindest hier in der abbildhaften Welt
und *für* die abbildhafte Welt (da hier ein X im Sinne eines
urideell-reellen Männlichen nichts zählt) nicht mehr im
vollständigen Sinne Mann, sondern, eben sophistisch
oder abbildhaft gesehen, auch Frau beziehungsweise, in
den Worten Aristophanes gesprochen: androgyn. Das
androgyne Geschlecht entstand also erst im Nachhinein.
Das im Sinne der abbildhaften Welt wirklich Männliche,
so wie es ihr Vater-Gott Jehova noch in sich besitzt und
wie es hier in der abbildhaften Welt für Jehova wichtig
wäre, haben sie verloren – und zwar durch die Pronoia,
einem urideell-reellen Weiblichen, das ihnen dafür, näm-

---

19  Da die gnostische Anschauung die beiden X-Chromosomen
    so versteht, dass das eine X-Chromosom mehr Ausdruck des
    Physisch-Leiblichen und das andere X-Chromosom mehr
    Ausdruck des Seelisch-Leiblichen ist, kann es sein, dass eine
    solche »Inaktivierung« letztlich nicht wirklich, sondern nur
    scheinbar ist. Weil ein Seelisch-Leibliches von einer physisch-
    materiellen Naturwissenschaft generell nicht (mehr) erfasst
    werden kann. Diese Anschauung ist jedoch spekulativ.

lich mit einem X von sich, nicht nur ein menschliches Antlitz und einen aufrechten Gang, sondern vor allem auch Leben geschenkt hat! Denn hätte sie die beiden Y, wie sie Adam als Abbild Jehovas noch in sich besaß, nicht jeweils mit einem X von sich ergänzt, so wäre er, der männliche Mensch, also Adam, wohl Klumpen und leblos geblieben – oder hätte höchstens nur, wie Jehova, als klumpenhaftes Wesen mit vielleicht tierähnlichem Antlitz in Form einer (elektrischen) Energie »existiert«. Weil das eine Y die Energie des einen Vater-Gotts Jehovas, also des Schein- oder Lichtgotts, und das andere Y die Materie des anderen Vater-Gotts Jehovas, also des Gotts der Dunkelheit und der Materie, ist. Dies ist also die große Tragik des Männlichen hier in dieser Welt – und deshalb wohl auch der Grund, dass es nun umso mehr meint, das Weibliche zu unterdrücken, zu bekämpfen und (mit Schleier) zu negieren, ja gar als Ursache für die Sünde in der Welt zu verstehen – weil es nicht nur das Weibliche als solches, sondern vorab auch das Weibliche in sich (das, gnostisch gesehen, wohl aber ein urideell-reelles Männliche ist!), hasst und deshalb vernichten will. Ohne sich dabei aber bewusst zu sein, dass es, gnostisch gesehen, gerade nur dank diesem Weiblichen in sich als solches existiert und fähig ist, Mensch zu sein.

## *»Weinet nicht über mich, weinet über euch selbst«*[20]

Aber auch das Weibliche arbeitet gegen sich selbst, weil und solange es nichts von seinem eigentlichen Sein, von seiner eigentlichen Bedeutung und somit auch nichts von der Pronoia, nach deren Ebenbild es erschaffen ist, weiß: indem und weil es dem Männlichen (und dessen Lügen[21]) glaubt. Also glaubt, was es ihm sagt, beispielsweise, dass es tatsächlich der Grund für die Sünde in der Welt wäre – und sich auch dementsprechend verhält. Das heißt, sich selbst, sogar oftmals aus freien Stücken, unterdrücken und bekämpfen lässt, ja (mit Schleier) negiert, um so dem Gott des Männlichen umso mehr zu huldigen – so wie es das Männliche, *seinem* Menschenbild entsprechend, von ihm verlangt und auch will. Und dabei das Männliche gleichzeitig idealisiert – und heroisiert. Weil

---

20 Lukas 23, 28. Hier sorgt sich der wahre Christus (und nicht Jesus!) um jene Frauen, die nicht den Weg des wahren Baums der Erkenntnis, sondern stattdessen den Weg des verklärten Baums der Erkenntnis und somit den Weg der Lüge, wie sie die Schlange im Baum der Erkenntnis zum Ausdruck bringt, gehen und so selbst Ausdruck des Baums des Todes werden.

21 Der Zusammenhang zwischen dem Männlichen und dem Baum der Erkenntnis und wie dieser Baum der Erkenntnis, und somit auch das Männliche selbst dann, zur Lüge wird, ist in ausführlicher Weise in meiner ersten Schrift beschrieben. Es ist dies die Tragik des Männlichen, dass es selbst Ausdruck der Lüge wird, wenn es das Weibliche negiert. Oder auch Ausdruck der Lüge ist, weil es das Weibliche negiert. Die Tragik des Weiblichen dagegen ist, dass es das Männliche zur Lüge macht, wenn es sich selbst als Nichts (beziehungsweise nur als Anhang des Männlichen, als Gehilfin Adams) versteht.

es sich selber hasst und sich umso mehr gewissermaßen dadurch auch selber zu einem Männlichen im Sinne Jehovas oder Adams machen will. Dabei wird es von den Religionen unterstützt, auch oder erst recht von der sogenannt christlichen. Denn bei dieser riet Jesus im (apokryphen) Thomas- und Petrus-Evangelium den Frauen tatsächlich, um in den »Himmel« zu kommen, wie Männer zu werden. Auch der – vor allem in der Schweiz und in Deutschland bekannte – »Menschenführer« Rudolf Steiner verkündete, dass Frauen, wenn überhaupt, nur dann überleben könnten, wenn sie einst die Leiber der Männer mitbewohnten. Da auch für ihn das allein Männliche das Ideal der Zukunft war. Ganz im Sinne des »neuen Adam«, den es zu erstreben gilt, also eines wieder allein männlichen Menschen, so wie ihn Jehova einst als »Uradam« nach seinem Ebenbilde erschaffen hat. So erklärte er in einem Vortrag, den er am 23. Oktober 1905 in Berlin – nur vor Männern! – gehalten hat, dass das Weibliche als physische Gestalt in Zukunft absterben werde, weil die männliche Kultur die alte weibliche ablöse. Dann werde das Männliche auch eine Kraft in sich haben, ein »Individuum« aus sich selbst hervorzubringen, weil letztlich nur noch ein Geschlecht bestehen werde, nämlich das männliche. Denn das Wort, das verloren ging, ging verloren durch die Zweigeschlechtlichkeit, also durch das Weibliche. Und indem diese Zweigeschlechtlichkeit zugunsten des allein Männlichen, wie es anfänglich als »Urmännliches« oder als »Uradam« bestanden habe, wieder rückgängig gemacht werde, könne es wieder gefunden werden.

# DER »NEUE ADAM«
## ALS YY-MENSCH

Indem sich die Pronoia aus dem XXYY-Kugelmenschen zur Hälfte wieder zurückzog und diesen gleichzeitig in zwei Hälften teilte, sodass jede dieser Hälften mit einem Teil von ihr verbunden blieb, machte sie den männlichen Menschen gewissermaßen, um mit den Worten von Aristophanes zu sprechen, zumindest abbildhaft gesehen, zum androgynen Geschlecht. Das heißt, der männliche Mensch verlor dadurch, abbildhaft gesehen (denn urideell-reell gesehen bekam er dafür ein X, das dem urideell-reellen Männlichen entspricht, aber in der abbildhaften Welt nichts zählt oder als solches auch gar nicht erkannt wird) seine volle Männlichkeit und wurde zum Teil (in Bezug auf die abbildhafte Welt) weiblich. Dies im Gegensatz zum weiblichen Menschen, der nach der Teilung des XXXX-Kugelmenschen in zwei Hälften, auch als jeweilige Hälfte seine völlige Weiblichkeit behielt – mit der Gefahr jedoch, diese aber dennoch zu verlieren, wenn es sich tatsächlich allmählich zu einem Männlichen im Sinne Jehovas oder Adams hin entwickelt, so wie es das (abbildhaft) Männliche von ihm verlangt. Denn, wenn es sich tatsächlich allmählich zu einem Männlichen im Sinne Jehovas oder Adams hin entwickelt, nämlich von Generation zu Generation oder auch von Inkarnation zu Inkarnation, so wird es (vorerst) ebenso, abbildhaft gesehen, androgyn. Indem es das eine X, nämlich das X, das seinem weiblichen Seelenleiblichen entspricht, in ein Y, nämlich in ein Y eines männlichen Seelenleiblichen, umwandeln lässt. Dies zumindest scheint, gnostisch gesehen, der Sinn und die Absicht jener Sophisten zu sein, die dem Weiblichen nahelegen, um beispielsweise in den »Himmel« zu kommen, selber männlich zu werden. Ein weiterer Versuch, das Weibliche zu eliminieren.

## Der »neue Adam« als Hoffnung für den androgynen männlichen Menschen

Da die Sophisten, also die Menschen, die ganz im Sinne Jehovas und im Sinne der Weisheit nur Mensch sein wollen, sehr unter dem androgynen und somit unvollkommenen männlichen Menschen leiden, ist es ihre Absicht, diesen wieder zum »Urbild« des männlichen Menschen, also zu Adam, wie er war, bevor die Pronoia in ihm gewirkt hat, zurückzuverwandeln. Dabei soll das X der Pronoia, das in jedem männlichen Menschen nun enthalten ist, wieder mit einem Y ersetzt werden, sodass damit gleichzeitig das Weibliche, wie es die Pronoia in ihn (und auch in die Welt) gelegt hat, (für immer) eliminiert werde – und dies aber so, dass dennoch dieser »neue Adam«, wie der wieder hergerichtete männliche Mensch von den Sophisten bezeichnet wird, nicht auf das Leben der Pronoia und auf das Menschenantlitz, das er von ihr ebenso erhalten hat, verzichten muss. Denn der »neue Adam«, so erklären sie, soll als »neugeschöpfter Adam« erstehen, der zwar das Weibliche und somit das X der Pronoia nicht mehr will, aber dennoch dessen Qualitäten behält. Eine absurde Idee, wenn man bedenkt, dass ein Mensch ja gerade deshalb und dadurch die Qualitäten der Pronoia verliert, wenn und weil er auf deren X verzichten beziehungsweise eben nur noch ganz im Sinne des Y Mensch sein will. Eine Idee, die der Hoffnung gleicht, wie sie in der Büchse der Pandora enthalten war.

## Jesus als erster »neuer Adam«

Der erste »Mensch«, der nach Ansicht der Sophisten bereits dem »neuen Adam« entsprach, soll Jesus gewesen sein. Dieser war für sie der Sohn Jehovas, der durch die »Auferstehung« angeblich den Tod überwunden und gleichzeitig, so ist anzunehmen, das Weibliche in sich durch ein wieder Männliches ersetzt haben soll. Der Sinn des sophistischen Christentums ist also ein wieder allein männliches »Menschentum« oder eben »Männertum« (Herrentum?), das den Menschen wieder an Adam, wie er war, bevor sich die Pronoia in ihn legte, zurückbinden will. Da dieser Adam, wie er war, bevor sich die Pronoia in ihn legte, nur ein Mensch war, der sich dann, wie Osiris, der zerstückelt wurde, immer weiter in die verschiedensten Menschen teilte, müssen deshalb alle Menschen ihr individuelles Ich und Menschsein aufgeben, um ganz im »neuen Adam« aufzugehen. Der »neue Adam« wird also ein Kollektiv-Mensch aller individuellen Menschen sein, die sich dafür, ganz im Sinne Paulus, der da sagte: »Nicht ich lebe, sondern Christus in mir«, in ihrem individuellen Ich und Menschsein für Jesus opfern müssen.[22]

---

22 Auch hier tritt die Schlange, die Wahrheiten verfälscht, in Erscheinung: Es ist nicht Jesus, wie sie und somit die

Der individuelle Mensch wird also, wie der weibliche Mensch, verschwinden, ja vernichtet werden, weil nur Jesus sein Ich behalten und, als wiedererstandener Osiris, in den Kollektiv-Leib aller sich für ihn hingeopferten Menschen legen will.

Der Sophist geht also davon aus, dass alle Menschen ihre Leiber für Jesus hergeben und sich selbst in ihrem Ich, aber auch in ihrem Seelischen opfern müssen, damit dieser dann den aus den Leibern aller Menschen bestehenden Kollektiv-Leib, den »neuen Adam«, bewohnen kann. Dies steht im völligen Gegensatz zum Gnostiker, der, gerade umgekehrt, davon ausgeht, dass der Mensch sein individuelles Ich und sein individuelles Seelisches behalten kann, ja behalten muss, um sich gleichzeitig, indem er seinen (abbildhaften) Leib aufgibt, einen neuen Leib, nämlich einen wieder urideell-reellen Leib, der vollkommen und unvergänglich ist, und zwar mithilfe der Pronoia und des wahren Christus, herzurichten. Diesen neuen, ihm allein gehörenden vollkommenen und unvergänglichen Leib kann er dann auch selber, nämlich als individuelles, mündiges und selbstständig denkendes Wesen, bewohnen. Für den Menschen, der sich sein eigenes Ich und Menschsein bewahren, ja gar retten will, und vor allem auch für die Frauen, ist es also geraten, die Sophistik unbedingt und mit allen Mitteln zu verlassen. Denn die Sophistik will, dass der individuelle Mensch sterbe für das Kollektiv, also für den »neuen Adam«,

---

Sophistik generell dem Menschen weismachen will, der sich für die Menschen opferte, sondern der Mensch (»ecce homo«), der sich für Jesus opfern muss!

oder, wie der Hohepriester Kaiphas im Neuen Testament beim Verhör des wahren Christus sagte, für das Volk, und nicht, dass das Kollektiv und somit der »neue Adam«, also das ganze Volk, verderbe.

Somit steht die Sophistik nicht nur im völligen Widerspruch zur Gnostik, da sie das Gegenteil will, sondern auch im völligen Widerspruch zur Aufklärung. Denn während der Sophist den Menschen in ein unmündiges Kollektiv zurückführen möchte, das von einer Führungsinstanz oder gar von einem Führer geleitet wird – diese Führungsinstanz oder dieser Führer können Jesus, der Papst oder generell »Menschenführer« sein –, so will der Aufklärer dagegen den Menschen, mithilfe seines selbstständigen Denkens, vom Kollektiv lösen, damit er individuell, mündig und frei wird.[23] Zur Sophistik gehören alle Religionen, aber auch die Esoterik, in besonderer Weise auch jene der Anthroposophie. In der Anthroposophie ist die Führungsinstanz oder der »Führer«, für den alle Mitglieder ihr Ich aufgeben, Rudolf Steiner. Rudolf Steiner selbst war es auch, der davon sprach, dass der Kopf, und damit meinte er wohl auch das selbstständige Denken, derjenige Teil beim Menschen wäre, der am wenigsten mit dem Menschen zu tun habe und deshalb überwunden werden müsse und auch überwunden werde.

Fatal an dieser Ausgangslage jedoch ist, dass es nicht nur eine Sophistik der Tagseite, sondern auch eine

---

23  Das heißt nicht, dass er unsozial wird, sondern, im Gegenteil, dass er das Soziale anders versteht. Nämlich als Gemeinschaft von verschiedenen, individuellen mündigen Menschen anstatt als eine Herde von Ich-losen Wesen, die, womöglich, von einer Gruppen-Dynamik geleitet sind.

Sophistik der Nachtseite gibt[24], sodass diese beiden Seiten der Sophistik wie der Vollmond und der Neumond zueinander sind. Das heißt in anderen Worten: Wenn es Führungsinstanzen oder gar Führer einer Tagseite gibt, wie zum Beispiel Jesus, der Papst oder sogar, wie eben erwähnt, Rudolf Steiner, so gibt es auch Führungsinstanzen oder gar Führer einer Nachtseite, wie zum Beispiel Alceister Crowley[25] oder – Adolf Hitler. Beide erstreben sie den »neuen Adam«, wobei dieser »neue Adam« bei Adolf Hitler der »Herrenmensch«[26] war, jedoch jeweils mit anderen Mitteln. Denn während die Tagseite diesen mit schönen Worten und mit »Licht und Liebe« und mit »Menschlichkeit« erlangen will, so arbeitet die Nachtseite für das Gleiche mit Macht und Sexualität (Crowley) oder gar mit Terror, Angst und Gewalt (Hitler). Somit erkennt man: beide Seiten schöpfen aus derselben Weisheit, so wie der Vollmond und der Neumond beide Ausdruck desselben Mondes sind. Es ist deshalb nicht verwunderlich, ja vielleicht sogar nachvollziehbar, wenn man liest, dass sich Anthroposophen mit den Nationalsozialisten zum Teil sehr gut verstanden. So besuchten Nazibeamten gelegentlich die Anthroposophische Gesellschaft oder engagierten sich für deren Landwirtschaft. Selbst Rudolf

---

24 Die Begriffe Tagseite und Nachtseite werden ausführlich in meiner Schrift »Das gnostische Christentum« beschrieben.
25 Alceister Crowley (1875 bis 1947), ein englischer Okkultist, lebte mit den beiden Sätzen: »Liebe unter Wille!« und »Tue, was du willst!«. Er bezeichnete sich selbst als Antichrist und als das Große Tier 666.
26 Wie bei der Tagseite der Herr-Mensch, also Jesus der Herr, im Mittelpunkt steht, so stand bei der Nachtseite, den Nazis, der »Herrenmensch« im Mittelpunkt.

Heß[27] war einer der aktivsten Unterstützer anthroposophischer Projekte. Umgekehrt traten Anthroposophen sogar selbst in die NSDAP ein. Einer von ihnen, Hanns Rascher, arbeitete für den Sicherheitsdienst und wurde zur Kontaktperson zwischen dem deutschen Zweig der Anthroposophischen Gesellschaft und der SS. Weshalb die Anthroposophische Gesellschaft letztlich dennoch in Deutschland verboten wurde, hat damit zu tun, dass sich die ihr feindlich gesinnten Kreise innerhalb der NSDAP, also wohl jene, die sich gänzlich auf die Neumond-Seite konzentrierten, wie zum Beispiel SS-Führer Reinhard Heydrich, der das Verbot auch unterzeichnete, durchsetzen konnten.

Auch dass Rudolf Steiner wie Alceister Crowley in einer (irregulären) Freimaurer-Loge vom selben Einweihenden, Theodor Reuß, zu einem »Großmeister« erhoben wurde, weist in diese Richtung.[28]

---

27 Rudolf Heß, der Stellvertreter Adolf Hitlers, hatte in seiner Zelle in Berlin ein großes Mond-Bild aufgehängt.

28 Während Theodor Reuß (1855 bis 1923) Rudolf Steiner (1861 bis 1925) zum stellvertretenden »Großmeister« des »Memphis/Misraim-Kapitels und Großkonzils der Rosenkreuzer-Loge Mystica Aeterna in Berlin« erhob, »initiierte« er Alceister Crowley (1875 bis 1947) zum »National-Großmeister für Großbritannien und Irland der Mysteria Mystica Maxima«, der englischen Sektion des »Orientalischen Templer-Ordens«.

# Das bewusste Einwirken auf das Seelische

Um zum »neuen Adam« zu gelangen, versuchen die Sophisten nicht nur mit ihrer Lehre, sondern vor allem auch mit ihrer generellen Dogmatik, auf das Seelische eines anderen Menschen einzuwirken, und zwar so, dass es durch ein allein »Hüllenhaftes«, »Seelenleibliches«, das letztlich den zwölf Aposteln Jesu entspricht[29], oder, wie bei der Nachtseite, gar durch ein Nichts, ersetzt wird – um auf diese Weise letztlich dann auch den Zugang zum Physisch-Leiblichen zu erhalten. Denn so wie das »Geistige« auf das Seelische und dann Seelenleibliche einwirkt, wirkt dann auch das Seelenleibliche auf das Physisch-Leibliche ein, sodass damit tatsächlich, nämlich durch die Generationen und Inkarnationen hindurch, auch die Geschlechtlichkeit eines Menschen, ob Mann oder Frau, und zwar in Richtung eines YY-Menschen, geändert werden kann. Das heißt: Je mehr man den Menschen auf das allein Männliche trimmt, desto mehr wird auch das allein Männliche, auch bei den Frauen, seine Entfaltung erlangen – bis dass letztlich die gesamte Menschheit, so zumindest die Absicht der Sophisten, tatsächlich nur noch allein männlich, also, wie Adam oder Jehova, YY-Mensch sein wird. Es ist deshalb die Aufgabe einer gnostischen Sichtweise, gerade hierzu gegenzusteuern, also ein Bewusstsein für eine gegenteilige Entwicklung zu wecken. Weil sonst nicht nur der weibliche Mensch,

---

29  Die Apostel Jesu, die in ihrer Zwölfheit den zwölf Sternbildern am Firmament entsprechen, sollen, nach sophistischer Lehre, den zwölf Qualitäten des »neuen« Seelenleibs Jesu entsprechen.

sondern vor allem auch der Mensch als individuelles Wesen verloren geht. Indem sie aufklärt und nicht wie die Sophistik verklärt, die Wahrheit sucht und auf des Menschen individuelles, selbstständiges Ich anspricht statt dessen Unmündigkeit und Selbstauflösung propagiert.

## Der YY-Mensch als »Heiliger Geist«

Wenn der Mensch YY-Mensch geworden ist, dann entspricht er – nach sophistischer Lehre – dem Prinzip des »Heiligen Geistes«. Denn der »Heilige Geist« ist die Verbindung des einen Y, wie es da vom Vater-Gott des Scheins oder des Lichts stammt, mit dem anderen Y, das Ausdruck des Vater-Gotts der Dunkelheit und der Materie ist. Deshalb sandte Jesus, der als »Sohn« selbst »Vater« geworden ist, seinen Nachfolgern den »Heiligen Geist« – um damit auch ihnen die Möglichkeit und den Glauben zu geben, YY-Mensch zu werden. Schon der Weihnachtsstern, dem die drei Weisen aus dem Morgenland gefolgt sind, kündigte Jesus als »neuen Adam« und somit in seiner Dreifaltigkeit als »Heiligen Geist« an. Denn auch im Weihnachtsstern offenbarte sich die Vereinigung der beiden Y, nämlich als Konjunktion der beiden Planeten Jupiter und Saturn, wie der Astronom Johannes Kepler bemerkte. Jupiter gilt innerhalb der Sophistik als Eingangstor des Vater-Gotts des Scheins oder des Lichts und Saturn als Eingangstor des Vater-Gotts der Dunkelheit und der Materie. Bei dieser Konjunktion am Firmament offenbarten sich also die Götter-Väter Jehovas oder Jehova gewissermaßen bereits selbst als »neuer Adam«.

Und genau dies wussten die Weisen aus dem Morgenland zu deuten, sodass sie deshalb diesem Stern nach Betlehem gefolgt sind. Derjenige Mensch, der seither auf Erden den »Heiligen Geist« vertreten soll, ist der Papst. Er wird deshalb als »heiliger Vater« bezeichnet.

Doch auch in der Weltpolitik gibt es die Verbindung des einen Y mit dem anderen, sodass daraus eine »heilige« Allianz entsteht. Zum Beispiel beim Heiligen Römischen Reich Deutscher Nation, dessen Wappen ein Doppeladler zierte. Der eine Adler dieses Wappens entsprach dem einen Y und der andere Adler dem anderen. Das Heilige Römische Reich Deutscher Nation war also, ganz in römisch-katholischem Sinne, die Verbindung des einen Gott-Vaters mit dem anderen – und somit ebenso Ausdruck des »neuen Adam« beziehungsweise dessen »Heiligen Geistes«, sodass es deshalb selbst »heilig« genannt wurde. Aus diesem Grund sah sich wohl dann auch Karl der Große, der der erste Kaiser dieses heiligen Reiches war, dazu verpflichtet, Europa, und zwar mit aller Brutalität und Härte, zu »christianisieren«. Dieselbe Situation entdeckt man bei der k. und k. Doppel- oder Donau-Monarchie, die aus dem Kaiserreich Österreich und dem Königreich Ungarn bestand und deshalb wohl ebenso meinte, im Sinne des »Heiligen Geistes« zu wirken. Während das Kaiserreich Österreich dem einen Y und somit dem Vater-Gott der Dunkelheit und der Materie entsprach, so stand das Königreich Ungarn mit dem anderen Y und deshalb mit dem Vater-Gott des Scheins oder des Lichts in Zusammenhang. Als Österreich jedoch nach verlorenem Krieg das Königreich Ungarn verlor, verlor es dann in seinem Wappen, nämlich als Republik, auch einen seiner beiden Adler.

Bis heute besteht die Meinung, dass dieser »Heilige Geist« auch »heilend« und somit gesundmachend wirke. So haben sich deshalb auch die Apotheker den »Heiligen Geist« als ihr Symbol gewählt, nämlich eine Schlange, die sich am Tau emporwindet, ja durch das Tau aufgerichtet wird. Während die Schlange dem einen der Götter-Väter entspricht, nämlich dem Vater-Gott des Scheins oder des Lichts, so kann das Tau mit dem anderen der Götter-Väter, nämlich mit dem Vater-Gott der Dunkelheit und der Materie, in Zusammenhang gebracht werden. Auch Jesus selbst wird aus diesem Grund als »Heiland« bezeichnet. Und Aarons Stab wurde zur Schlange und aufgerichtet – und begann zu blühen. Auch Moses erhöhte, wie es in der Bibel heißt, in der Wüste die Schlange, indem er sie am Tau aufrichtete, so wie dann der Sohn Gottes angeblich, nämlich durch den Opfertod des wahren Christus, am Kreuz erhöht und am Kreuz aufgerichtet wurde.

# ANHANG

## FRAUEN INNERHALB DER KIRCHE
## UND DER FREIMAUREREI

Wenn der Kirchenlehrer Ambrosius[30] meinte, dass Frauen ihr Haupt verhüllen müssten, da sie nicht das Ebenbilde Gottes wären, so sprach er damit, gnostisch gesehen, ohne dass er sich dessen wohl aber wirklich bewusst war, eine wirkliche Wahrheit aus. Denn Frauen sind nach gnostischer Erkenntnis, dies im Gegensatz zu Männern, tatsächlich nicht nach dem Ebenbilde Jehovas, sondern nach dem Ebenbilde der Pronoia erschaffen.

Aus diesem Grund jedoch wurden sie aus der katholischen Kirche, aber auch aus der Freimaurerei, was das Mitbestimmungsrecht beziehungsweise das Priesteramt betrifft, ausgeschlossen. Denn solange das Weibliche am spirituellen Leben teilnimmt, so die Sophisten, ist für den Menschen, das heißt für die Männer, um die es letztlich bei den Sophisten nur geht, eine Rückkehr zum »Urbild« des Menschen, also eine Rückkehr zum allein männlichen »Adam«, das das generelle Ziel der

---

30 Ambrosius von Mailand, 339 in Trier geboren und 397 in Mailand gestorben, war Bischof und neben Sophronius Eusebius Hieronymus, Augustinus und Papst Gregor I. (analog zu den vier Evangelisten) einer der vier spätantiken Kirchenlehrer des Abendlandes. Da er auch als Kirchenvater bezeichnet wird, war er wohl ebenso bereits in den Grad des „Vaters" aufgestiegen.

Sophistik ist, nicht mehr möglich. Weil das Weibliche auf das Männliche verfremdend einwirkte und dieses dadurch von seinem eigentlichen Ziele ablenkte. Denn wenn das Weibliche zum Mitträger, ja gar zum Mitwisser des Geheimnisses wird, so die Sophisten, so nimmt es dem Männlichen die Kraft, wirklich den Weg wieder in Richtung des »neuen Adam« zu gehen. Aus diesem Grund forderte wohl auch bereits Paulus, dass Frauen in den Gemeindeversammlungen schweigen sollten. Oder eben der heilig gesprochene Kirchenlehrer Ambrosius, dass sie ihr Haupt verhüllen müssten. Eine Tragik in Bezug auf das wirkliche wahre Menschsein, die dennoch aber keine Tragik wäre, wenn nicht die Frauen selbst die Sophistik mit ihrem menschenverachtenden Welt- und Menschenbild noch unterstützten und somit auch ermöglichen würden.

Dass sowohl die katholische Kirche als auch die Freimaurerei keine Frauen oder höchstens nur Frauen im Sinne von »Gehilfinnen Adams« in ihren Reihen dulden, ist also nicht Ausdruck einer patriarchalen Laune, die im Sinne einer Gleichheit der Geschlechter irgendwann einmal wieder korrigiert werden könnte, sondern Ausdruck eines bewussten Menschenbildes, das tatsächlich von der Sophistik erstrebt und realisiert werden will. Denn eine Kirche, die Frauen als Priesterinnen duldet, ist im Sinne einer wirklichen Sophistik keine Kirche mehr. Dasselbe gilt für die Freimaurerei. Auch sie ist keine wirkliche Maurerei mehr, wenn sie Frauen in ihre Reihen aufnimmt. So werden deshalb Freimaurer-Logen, die sich als gemischtgeschlechtliche Logen dennoch mit Frauen verbinden, wie beispielsweise die Loge der ägyptischen

Freimaurerei, welche 1775 von Cagliostro begründet worden ist, von den regulären Freimaurer-Logen nicht anerkannt und als irregulär bezeichnet.

Selbst die sogenannte ägyptische, von Guiseppe Garibaldi 1881 mitinitiierte Misraim-Memphis-Freimaurerei, die einerseits auf den in Venedig begründeten Misraim-Ritus und anderseits auf den aus Kairo stammenden Memphis-Ritus zurückgeht und sich für Frauen geöffnet hat, ist keine Freimaurerei, die wirklich im Sinne auch für das Weibliche konstituiert gewesen war, weil generell keine Freimaurerei im Sinne auch eines Weiblichen hätte konstituiert werden können. Denn hätte sich eine Freimaurerei im Sinne auch eines Weiblichen konstituiert, so wäre sie dadurch automatisch keine wirkliche Freimaurerei mehr gewesen, weil sie sich dann auch nicht mehr im Sinne eines allein männlichen »neuen Adam« engagiert hätte, sondern vielmehr dagegen bereits eigentlich für den urideell-reellen Menschen und somit für den gnostisch-platonischen Weg, der da nämlich von zwei gleichwertigen und gleichbedeutenden Geschlechtern ausgeht. Der Grund, weshalb sich Logen wie die Misraim-Memphis-Freimaurerei aber dennoch für Frauen geöffnet haben, liegt wohl darin, dass auch sie, wie die Kirche, Frauen als »Gehilfinnen Adams« sehr gut gebrauchen konnten. Oder aber darin, dass sie aufgrund ihrer »gütigen Menschlichkeit« auch Frauen generell damit die Möglichkeit geben wollten, sich ebenso allmählich in Richtung des Männlichen zu entwickeln, so wie dies auch der Jesus im (apokryphen) Thomas- und Petrus-Evangelium für Frauen gefordert hat: »Maria soll uns verlassen; denn Frauen verdienen das Leben nicht. Seht, ich werde sie männlich machen, sodass sie ein lebendiger Geist wird, wie auch ihr Männer! Denn jede Frau, wenn sie sich männlich macht, geht ins Himmelreich ein.« Denn das Prinzip des »neuen Adam«, also das Prinzip des (allein) Männlichen, geben auch Freimaurer-Logen nicht auf, im Gegenteil. Und dies selbst dann nicht, wenn sie sich wie die Misraim-Memphis-Freimaurerei als sogenannt gemischtgeschlechtliche Logen offenbaren. Sie geben es nicht auf, weil sie dann keine Logen im freimaurerischen und somit eigentlichen Sinne mehr wären.

# PAPST BENEDIKT XVI.

Wie wenig oder welchen Wert Frauen innerhalb der katholischen Kirche haben, zeigt folgendes Beispiel: Als im Sommer 2010 der Vatikan unter Papst Benedikt XVI. das kirchliche Strafrecht zu sexuellem Missbrauch durch Geistliche verschärft hat, wurde in dem vom Vatikan erlassenen Dokument gleichzeitig der Versuch, eine Frau zur Priesterin zu weihen, als »schweres Verbrechen« bezeichnet. Das heißt: Indem er die Frage der Priesterweihe für Frauen mit der Frage des sexuellen Missbrauchs durch Geistliche verknüpfte, so die Interpretation von Kirchenkennern, stellte er die Priesterweihe einer Frau mit dem sexuellen Missbrauch durch Geistliche auf gleiche Ebene.

# DER KAMPF ZWISCHEN DER TAG-
# UND DER NACHTSEITE

Wenn man die katholische Kirche in ihrer sophistischen Weisheit als Ausdruck der Tagseite versteht,
so kann man die Ariosophie und den Nationalsozialismus
der Nachtseite zuordnen. Beide dieser Seiten, also sowohl
die Tagseite der katholischen Kirche als auch die Nachtseite der Nazis, arbeiteten jedoch nicht immer gegenei-
nander, sondern auch mit- oder füreinander. Füreinander
arbeiteten sie zum Beispiel vor dem Zweiten Weltkrieg, als
die NSDAP selber noch verkündete, nämlich in ihrem Par-
teiprogramm von 1920, »den Standpunkt eines positiven
Christentums« zu vertreten, aber auch danach, nämlich als
die Kirche, umgekehrt, vielen Nazis die Flucht nach Süd-
amerika ermöglichte und zum Teil auch finanzierte. Auch
Papst Pius XII.[31] scheint während dem Zweiten Weltkrieg
mit den Nazis sehr kollaboriert zu haben – obwohl hier
wohl mehr aus Angst, von den Nazis selbst umgebracht
zu werden. Denn einerseits hatten die Nazis wirklich
die Absicht, gegen die katholische Kirche und den Papst
vorzugehen – der Grund, weshalb Hitler (außer einigen
Ausnahmen wie beispielsweise die Inhaftierung und De-
portierung von Juden katholischen Glaubens in den Nie-
derlanden) letztlich dennoch nichts gegen die Kirche und
den Papst unternahm, lag wohl darin, dass er, wie er selbst
sagte, damit erst bis nach dem Krieg zuwarten wollte – und
zweitens gab es da diese »Marienerscheinungen« dreier

---

31  Pius XII. war von 1939 bis 1958 Papst.

Kinder von Fatima[32], die bildhaft schilderten, wie eben die Kirche samt Papst und »Bischöfen, Priestern, Ordensleuten und verschiedenen weltlichen Personen, Männern und Frauen unterschiedlicher Klassen und Positionen« von »Teufeln, die, eingetaucht in Feuer, das an ihnen emporloderte, wie durchsichtige schwarze oder braune, glühende Kohlen in menschlicher respektive tierischer Gestalt aussehen« vernichtet werde. Dass die katholische Kirche diese Erscheinungen sehr ernst nahm, sieht man auch darin, dass der Vorgänger-Papst von Papst Pius XII., nämlich Papst Pius XI.[33], an seinem Sterbebett verfügte, eine Flasche seines besten Weins für seinen Nachfolger im Jahre 2000 aufzuheben.

Dass die Nazis tatsächlich die Absicht hatten, Papst und Kirche, wie die Juden, zu vernichten – es war geplant, bei der Übernahme Roms den Papst zu entführen und dann in Deutschland zu internieren, um ihn wohl dann zu töten –, hatte seinen Grund selbstverständlich darin, dass hier die Abel-/Seth-Strömung und die Kain-Strömung aufeinandertrafen. Ganz konkret äußerte sich dieses Aufeinandertreffen auch im Vorwurf der Nazis, die Kirche hätte ihnen im Mittelalter ihre Weisheit geraubt und so bewusst ein Germanentum verhindert. Vor allem der SS-Reichsführer Heinrich Himmler beschäftigte sich zeit seines Lebens damit, dies zu beweisen. Seiner Meinung nach sollen die Frauen, die von der Kirche als Hexen verfolgt und ermordet wurden, Frauen gewesen sein, die noch die Weisheit des Germanentums in sich trugen.

---

32  Die Maria erschien drei Hirtenkindern am 13. Mai 1917.
33  Pius XI. war von 1922 bis 1939 Papst.

# ADOLF HITLER UND RUDOLF STEINER

Wie die Nazis oder die katholische Kirche arbeitete auch Rudolf Steiner an einem oder *dem* »neuen Adam«, also an einem Kollektiv-Menschen, für den letztlich alle ihr individuelles, mündiges Menschsein aufgeben müssen, respektive an einem Volk unmündiger Menschen, das von einer Führer-Instanz geleitet wird. Doch während die Nazis den »neuen Adam«, der für sie der arisch-germanische Herrenmensch war, mittels Gewalt, Schrecken und Terror zu erlangen meinten, trat Rudolf Steiner, der »Erneuerer des Christentums«, aber auch der »Erneuerer« der Kunst, der Medizin oder des sozialen und politischen Lebens, für das gleiche Ziel, wie der Jesus der katholischen Kirche, als Menschenführer auf, der sich für die »Liebe«, »Herzlichkeit« und »Menschlichkeit« engagierte. Im Gegensatz zur katholischen Kirche, die nirgendwo definiert, wie dieser »neue Adam«, was beispielsweise Rasse, Nation oder Sprache betrifft, aussieht, baute Rudolf Steiner dagegen sein Menschenbild, was Rasse, Nation oder Sprache angeht, wie die Nazis auf einem letztlich doch arischen[34] Germanentum auf. So lehrte er deshalb, in Bezug auf die Rassen,

---

34 Arisch vielleicht nicht in dem Sinne, dass blonde Haare und blaue Augen damit gemeint sind, aber zumindest doch in dem Sinne, dass er die jetzige Kulturepoche als germanisch-arische Kulturepoche bezeichnet hat. Den Begriff arisch benutzte auch Helena Blavatsky. Sie ergänzte diesen zum Teil noch mit dem Begriff teutonisch. Heute wird innerhalb der Anthroposophie die jetzige Kulturepoche meist nur noch als »heutige Kulturepoche« bezeichnet.

in einem Vortrag, den er am 3. März 1923 in Dornach bei Basel gehalten hat, dass der weißen Rasse der Höchstrang zukomme und diese deshalb dazu bestimmt wäre, den Weg zu machen durch die Sinne zum Geistigen und damit zum *Endziel* aller Inkarnationen, dem Menschen als Geistwesen. Dies im Gegensatz beispielsweise zu den Indianern, die als Angehörige der Saturn-Rasse untergehen mussten, weil der finstere Saturn-Einfluss über das Drüsensystem zu einer Art Verknöcherung führte, oder zu den »Negern«, deren Hautfarbe das Ergebnis eines geringen Ich-Gefühls sei. Denn die weiße Rasse wäre die zukünftige, die am Geist schaffende Rasse. Die Menschen, welche ihr Ich-Gefühl zu gering ausgebildet hätten, wanderten nach dem Osten, und die übriggebliebenen Reste von diesen Menschen wären die nachherige »Negerbevölkerung« Afrikas geworden.

Rudolf Steiner könnte man also beinahe als Bruder Adolf Hitlers bezeichnen, was die »philosophische« Grundlage seines »Menschenbildes« betrifft, so wie Abel auch der Bruder von Kain war beziehungsweise, wenn man so will, der Vollmond der »Bruder« vom Neumond ist. Bezogen hatte er seine Weisheit, die »Menschen-Weisheit«, die Anthroposophie, wie er sie selbst dann bezeichnete, hauptsächlich von Helena Blavatsky, der Begründerin der esoterischen Theosophie, der »Götterweisheit«, die sie so quasi wie Eva im Paradies in Form eines Apfels an Adam weitergab. Helena Blavatsky, die mit ihrer Theosophie eine Schlangenweisheit vertrat und somit auch eine Schlangenweisheit an Rudolf Steiner dann weitergab, bezeichnete sich selbst als Schlangen-Eingeweihte. Da Adolf Hitler gegen alles vorging, was sich als Weisheit einer Tagseite offenbarte, war auch Rudolf Steiner gezwungen, mit seiner »Lehre« München, den eigentlich angedachten Ort für den Weltsitz der Anthroposophie, zu verlassen und in die Schweiz nach Basel zu fliehen. Der Grund, weshalb er, bewusst oder unbewusst, Basel wählte, könnte einerseits darin liegen, dass er an den Ort floh, wo 1897 bereits Theodor Herzl, wie dieser selbst sagte, seinen Judenstaat begründete, und anderseits aber auch darin, damit gerade in Basel, indem er dieses mit seiner Sophistik besetzte, einen möglicherweise entstehenden gnostischen Impuls zu verhindern. So wie sich damals auch Paulus, als dessen Wiederverkörperung sich Steiner verstand, in Ephesos niederließ, um dort Maria Magdalena zu vertreiben und deren Wirken zu verhindern.

Auch eine andere Parallelität zwischen Adolf Hitler und Rudolf Steiner fällt auf: So wie in Berlin der Reichstag durch Brandstiftung zerstört wurde, ging zuvor auch in Dornach durch Brandstiftung der »Johannesbau« (erstes Goetheanum) Rudolf Steiners in Flammen auf.[35] Und auch hier konnte, zumindest offiziell, nicht eruiert werden, wer der tatsächliche Brandstifter war. Es ist anzunehmen, dass in beiden Fällen die eigentlichen Brandstifter in den eigenen Reihen zu finden sind, aber stattdessen ein Unschuldiger zum Schuldigen gemacht wurde. Denn

---

35  Auch der Tempel der Artemis in Ephesos ging 356 v.Chr. durch Brandstiftung in Flammen auf. Diese Tat wird Herostratos zugeschrieben, der sich damit, wie es heißt, seinen Namen unsterblich machen wollte. Mit »Namen unsterblich machen« ist wohl die Macht gemeint, die er sich dadurch aneignen wollte.

ein okkultes Gesetz sagt aus, dass eine Sache, die noch ganz auf den Grundlagen der Weisheit eines Schein- oder Lichtgotts fußt, erst durch Zerstörung zu (wirklicher) Macht, wie sie dem Gott der Dunkelheit und der Materie entspricht, gewandelt werden kann. Ein Beweis dafür bei den Anthroposophen ist, dass der erste »Tempel« Rudolf Steiners (erstes Goetheanum), der, außer dem Fundament, noch ganz aus Holz war, durch einen zweiten Bau (zweites Goetheanum) ganz aus Beton ersetzt worden ist. Holz weist immer auf den Schein- oder Lichtgott hin, Beton oder Stein dagegen auf den Gott der Dunkelheit und der Materie.

## EVA ALS HILFE ODER GEHILFIN

Um den Weg wieder zurück in die urideell-reelle Welt anzutreten, müssen Frauen und Männer einander gegenseitig helfen. Aus diesem Grund kann Eva auch als Hilfe für Adam verstanden werden (so wie umgekehrt Adam auch Hilfe für Eva war). Als sie im Paradies vom Adler unterrichtet wurde, gab sie ihr Wissen nämlich an Adam weiter.

Jene Eva jedoch, die von der Schlange verführt wurde, gab die Weisheit an Adam weiter. Sie tat es, indem sie einen Apfel, den späteren Adamsapfel, der mit dem menschlichen Kehlkopf (aber auch mit dem Reichsapfel der Kaiser!) in Zusammenhang steht, an Adam weitergab und sich so zur Gehilfin Adams machte. Nämlich zur Gehilfin Adams, damit dieser, mithilfe der Weisheit, die er von Eva bekam, einst den Weg wieder in Richtung des

»neuen Adam« antreten konnte. Dadurch legte sie auch die Grundlage für die Eliminierung des Weiblichen. Denn das Weibliche ist im »neuen Adam« nicht mehr enthalten.

Aus diesem Grund wird Eva von der Sophistik als Gehilfin Adams bezeichnet (und dadurch in ihrem Wert erniedrigt) – im Gegensatz zur Gnostik, die bei Eva als Hilfe für Adam (wie auch bei Adam als Hilfe für Eva) spricht. Eva als Hilfe für Adam hilft Adam, sich aus dem Kerker der abbildhaften Welt und somit auch vom Kerker des unvollkommenen und vergänglichen Leibes zu befreien – wie Ariadne in der griechischen Mythologie oder Königin Saba in der Saba-Tempellegende (oder auch Leonore in Beethovens Oper Fidelio).[36]

---

36 Siehe hierzu im Anhang der Schrift »Das gnostische Christentum«.

»Auch verhüteten sie,
als ich das Studium der Philosophie anfing,
dass ich einem Sophisten in die Hände fiel
oder mit einem solchen Schriftsteller
meine Zeit verdarb oder mit der Lösung
ihrer Trugschlüsse mich einließ.«

MARC AUREL